다른 시선

Cet ouvrage a bénéficié du soutien des Programmes d'aide à la publication de l'Institut français.
이 책은 프랑스문화진흥국의 출판 번역 지원 프로그램의 도움으로 출간되었습니다.

다른 시선

엠마 지음 | 강미란 옮김

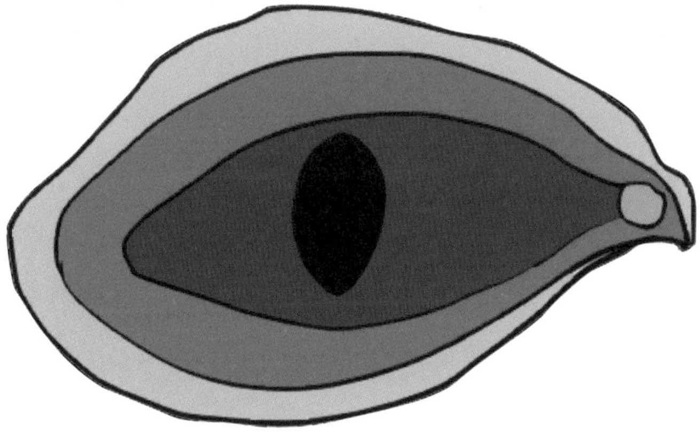

우리나비

한국 독자들에게

2010년까지 나는 평범하고 모범적인 '그냥' 시민이었다. 학교를 졸업한 후 직장에 다니고, 좋은 일을 하는 단체를 후원하고, 선거에 참여하고, 쓰레기 분리수거를 철저히 해 왔다. 그런데 세상은 문제투성이었다. 이런 세상의 문제는 학교를 안 다니고, 일을 안 하고, 좋은 일을 하는 단체를 후원하지 않고, 선거에 불참하며, 쓰레기 분리를 안 하는 사람들 때문에 일어나는 줄 알았다. 서른 살이 된 나는 이 나라의 시스템에 상처를 받은 사람들 곁에 서게 된다. 그리고 알았다. 내가 이 사회의 발전은 커녕, 오히려 해체를 하는 데 한몫 거들고 있었다는 사실을. 하지만 혼자서는 이 세상을 바꿀 수 없다는 걸 깨달았다. 여럿이 함께 힘을 모아야 했다. 이게 바로 공동 지식체의 힘이다. 우리의 삶과 관련된 결정을 하는 데 우리 모두가 참여한다면 결국 널리 이로운 결정을 하게 될 것이 틀림없다. 하지만 우리의 삶을 몇몇 힘 있는 자들에게 맡겨 놓는다면? 그들은 자신들에게 이익이 되는 쪽으로 모든 결정을 내릴 것이 분명하다. 이미 조건화된 세상에서 산다는 것은 참으로 어려운 일이다. 사람들과 대화를 나누면 나눌수록 우리가 얼마나 선입견에 휘둘려 살고 있었는지 깨달을 수밖에 없었다. 우리는 우리 스스로를 지킬 수가 없었다. 세상이 그렇게 만들었던 것이다. 하라는 대로 하고, 입을 다물고 있어야 하는 세상이었다. 학교를 다니고, 일을 하고, 선거에 참여하고, 분리수거를 하고, 그걸 또 우리 아이들에게도 가르치고…

그래서 나는 그림을 그리기 시작했다. 나의 생각을 그림으로 나타낸 것이다.
이걸 보고 사람들이 좀 깨닫지 않을까? 그들의 눈을 가리고 있던 베일을 벗어 내지 않을까?
몇 년 전 내가 그랬던 것처럼?
내 생각이 맞았다. 처음에는 30여 명이었던 사람들이 곧 천 명이 되었고, 4만 명이 되었고,
현재는 20만 명이 넘는 사람들이 모여 좀 더 정의로운 세상, 그리고 각자에게 주어진
존엄성에 대해 의견을 나누고 있다.
공동 지식체에는 국경이 없다. 이 세상 곳곳에서 이미 많은 사람들이 새로운 세상을 위해
노력하고 있다는 걸 안다.
어떻게 보면 나의 이야기는 일종의 도구와도 같다. 많은 사람들이 쓸 수 있는 그런 도구.
그리고 많은 사람들에게 쓸모 있는 도구로 쓰이기 위해 이번에 한국어로 번역되기도 했다.
한국의 역사가 기억하고 있다. 한국 사람들은 자신의 권리를 위해 싸우는 것이 결코
두렵지 않은 이들이다.
프랑스에서 그랬듯 "다른 시선"이 한국에서의 민중 투쟁에 큰 힘이 되어 주었으면 좋겠다.
"다른 시선"은 1년 동안 이 사회를 관찰하고 분석한 기록서이다.
한국에서도 이 책의 내용에 고개를 끄덕일 독자들이 많았으면 하는 바람이다.

엠마

차례

1

포스트 테러리즘의 분위기가 만연한 가운데 2015년이 서서히 저물고 있었다.
국가긴급상태라는 명목하에 3,000여 건이 넘는 가택 수사가 진행되었다.
한밤중에 문을 부수고 들어가 사람들을 위협하고 온몸을 뒤지는 공권력 행사가 비일비재했다.
결국 테러리즘과는 별 상관도 없는 이유로 말이다…

나는 지금 지하철 안, 라디오를 틀었다.
방송에 초대된 모하메드 씨가 전하는 이야기를 듣고 있다.
그는 말한다, 경찰들이 한밤중에 쳐들어와 자기가 사는 건물을 산산조각 내었던 일에 대해,
이게 도대체 어떻게 된 일인가에 대해…

신비롭고 놀라운 모하메드의 모험!

올해 27세의 모하메드 씨는 이집트 사람이다.

그의 직업은 건물 페인트공.

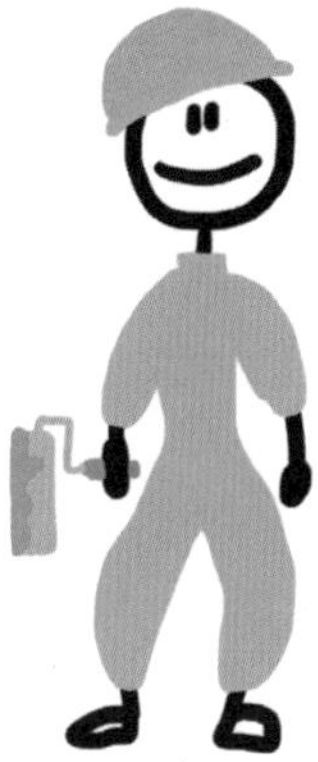

모하메드 씨는 친구와 함께 생-드니 시에 위치한 고르비용 가에서 작은 원룸에 세를 들어 살고 있었다.

2015년 11월 18일. 모하메드 씨와 그의 친구는 편히 잠을 자고 있었다.

zzz
zzz

새벽 4시, 뭔가 펑 하고 터지는 소리에 잠이 깬 두 사람.

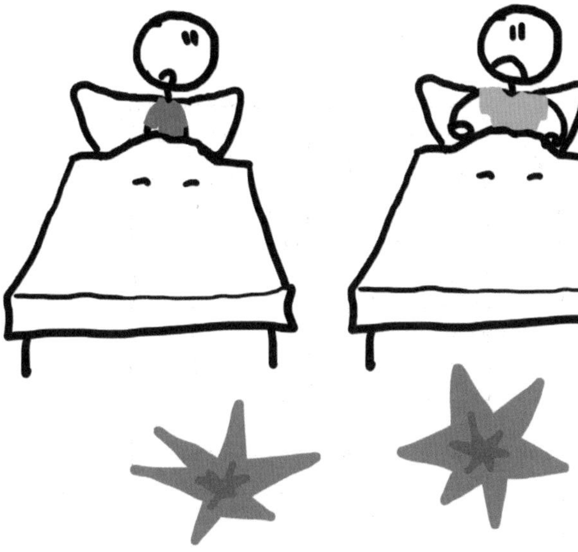

무슨 일인가 싶어 창문 한쪽을 열어 보니

앞 건물에 경찰들이 부산하게 움직이는 게 보였다.

경찰들이 모하메드 씨를 향해 고래고래 소리쳤다,
나머지 한쪽 창문도 빨리 열라고!
모하메드 씨는 서둘러 그들이 시키는 대로 했다.

그러고 난 후에는 얼른 두 손을 머리 위로 올렸다.

하지만 경찰은 모하메드 씨를 향해 총을 쐈다.

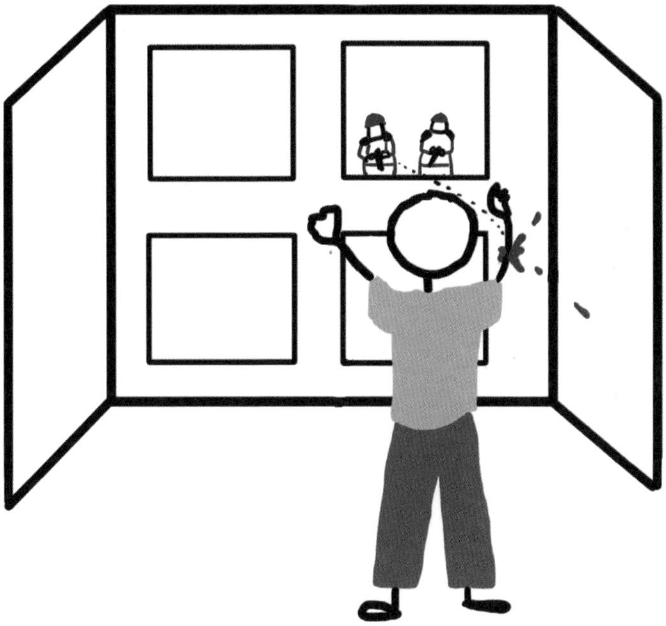

극한 두려움에 사로잡힌 그는
친구와 함께 무조건 달렸다.

그리고 화장실에 숨어 들어갔다.

오전 10시가 될 때까지…
장장 6시간 동안 화장실에 숨어 있었다.

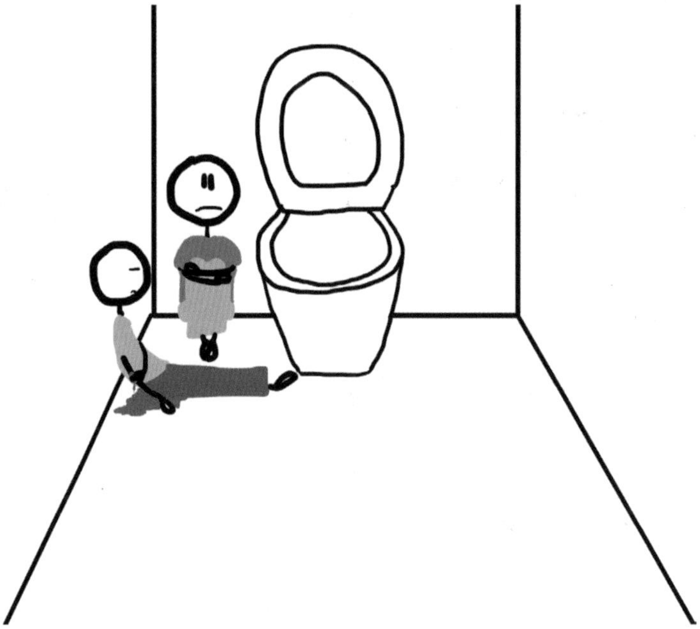

10시, 무장경찰은 문을 부수고
모하메드 씨의 원룸으로 들어왔다.

경찰은 모하메드 씨와 친구의 등에 총을 겨눈 채
군홧발로 바지를 벗기고 팬티를 내렸다.
그들은 그 상태 그대로 화장실 밖으로 나갔고
두 사람의 몸수색이 시작되었다.
물론 경찰은 그들에게 계속 총을 겨누고 있었다.

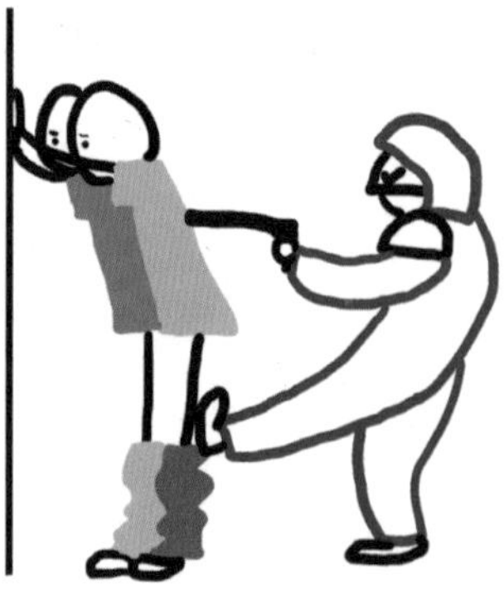

수색이 끝나자 모하메드 씨는 곧 응급차에 실려 병원으로 보내졌다.

피를 너무 많이 흘렸기 때문이다.

경찰은 누워 있는 모하메드 씨의 손과 발에 수갑을 채웠다.

그리고 심문이 시작되었다.

나흘간 계속된 심문. 모하메드 씨가 왜 심문을 받는지,
이게 다 어떻게 된 일인지 그 어떤 설명도 없었다.

토요일, 경찰이 말했다.
"당신은 무죄요. 그러니 다시 집으로 돌아가시오."

그 후, 모하메드 씨와 그의 친구는 세 평 남짓한 호텔 방에서 지내고 있다.

모하메드 씨는 더 이상 일을 할 수가 없다.

총상으로 손을 쓸 수 없기 때문이다.

어쩌면 프랑스에서 쫓겨날지도 모른다.

그날 생-드니 지역의 무장경찰 공격으로 인한 많은 피해자들에게

'프랑스 영토 강제 출국 명령'이 내려졌기 때문이다.

그날의 무장 공격 이후로 모하메드 씨가 살던 건물은 폐허가 되었다.
50가구가 살던 건물. 그 중 겨우 여섯 가구만 새 집으로 이사를 할 수 있었다.
무장 공격 사건을 겪은 모든 사람들이 큰 트라우마에 시달리고 있다.
혹시라도 밤에 도망가야 할 상황에 대비해
아이들을 옷을 다 챙겨 입히고 재운다고 한다.
몇 안 되지만 그 건물에 아파트를 소유하고 있던 집주인들,
그들은 이미 폐허가 된 아파트의 대출금을 아직까지 갚고 있다.
그러니 그들에게는 다른 집에 세를 들 돈도 없다…

이런 현실의 프랑스…
님 좀 짱인 듯!

아, 젠장, 디젤★이
총에 맞아 죽어 버렸네?
괜찮아,
어차피 테러리스트들이
한 짓이라고 할 텐데 뭐!

★ 디젤은 생-드니 진압 사건 때 안타깝게도 총에 맞아 죽은 경찰견이다. 처음에는 사랑스러운 충견 디젤이 테러리스트들의 총에 맞아 죽었다며 많은 프랑스인들이 가슴 아파했고, 테러리스트들의 잔인함에 다시 한 번 증오심을 불태울 수밖에 없었다. 그러나 조사 결과, 디젤은 경찰이 쏜 총에 맞아 생을 마쳤음이 밝혀졌다.

2

2016년 2월. 프랑스 정부는 노동법을 개정하려 하고 있었다.

대부분의 프랑스인들이 이에 반대하였다.

그래서 반대 집회에 참여했다.

그리고 경찰 폭력의 피해자가 되었다.

집회 참여자들은 갖고 있는 소지품을 동원하여 부상자들을 치료하기도 했다.

하지만 언론에서는 아무도 이런 이야기를 전하지 않았다.

간판을 부수고 경찰에게 달걀을 던진 '폭력 시위자들'에 대해서만 말했다.

여성 참정권을 주장했던 '서프러제트'가 생각났다.

그들이 어떻게 싸웠는지, 그 당시는 어땠는지 생각해 봤다.

그때도 지금처럼 자기의 권리를 지키려는 사람들의 '폭력성' 만 이슈가 되었던 것 같다…

억압당하는
사람들의
폭력(?!)

6년 전, 나는 남자들만 있는 직장에서 일을 한 적이 있다.

엎친 데 덮친 격이랄까… 내 직속 후배도 아닌
남자 직원들의 일을 감독해야 했고, 게다가 나는 임신 중이었다.

그러니 전쟁터와 다름없는 직장 분위기가 어떤 것인지
확실히 경험했다고 할 수 있겠다.

당시 내 일과는 다음과 같은 대화로 요약될 수 있다.

뭐 좀 물어 봐도···?
잠깐만요, 듣던 노래 마저 듣고요.

또 이런 경우도 있다.

아니, 어제 준다고 한 걸 아직도 안 주면 어떡해요?
와, 저런 포대기 같은 원피스는 어디서 사는 걸까?

이제 본론으로 들어가 보자. 이런 상황에서 화를 내고 시답지 않은 직원들을 혼내는 것은 너무나도 당연한 일이다. 하지만 문제는 다음과 같다. 바로 화를 내고 혼을 내는 사람이 여자인 경우, 다음과 같은 반응을 불러일으킨다는 점이다!

아주 무례한 지적질
또 시작이군, 저 히스테리.
내 생각도 그렇다는 눈빛
내가 포대기를 입든 뭘 입든 무슨 상관이에요?
승리의 썩소

이런 식으로 누군가를 괴롭힌 후, 그렇게 괴롭힘을 당한 이가 발끈하면
오히려 '웬 오버?'냐며 손가락질을 하는 경우가 있다.
이는 정신 조종자들이 흔히 사용하는 교묘한 수법 중 하나다.
조종을 당하는 피해자가 반항하고 나서는 걸 막으려는 방법이라고 볼 수 있겠다.
이런 상황을 일컫는 단어도 있다.
바로 '가스라이팅'

가스라이팅을 이용해 누군가를 혹은 한 그룹의 사람들을 괴롭히는 방법은 크게 두 가지가 있다.
- 괴롭히는 자들끼리의 연합 (나의 경우를 보자. 남자 직원들끼리 합심하여 나를 괴롭혔다.)
- 현실을 제대로 보지 못하도록 방해하는 사회적 조건 (나의 경우를 보자. 가부장적 사회 분위기 때문에 남자들의 공격성은 그들이 '남자답다'는 모습을 보여 주는 긍정적인 행동으로 인식되며, 여자들이 공격적으로 나가면 히스테리를 부린다고 쉽게 단정짓는다.)

여성 참정권 운동가들의 이야기는 가스라이팅의 전형적인 예라고 볼 수 있겠다.
20세기 초, 여성에게는 참정권이 없었다. 다시 말해 여성은
진정한 독립적 성인으로 여겨지지 않았다는 뜻이다.

독립적
아무것도 못함

그리하여 유럽 곳곳에서는 많은 여성들이 참정권을 얻기 위해
일어나기 시작했다. 별 효과는 없었지만 말이다…

그리고 1903년, 여성 참정권을 쟁취하기 위한 운동은
조금 더 공격적인 모습을 띠게 된다. 이를테면…

공공건물에 자신의 몸을 결박한다거나.

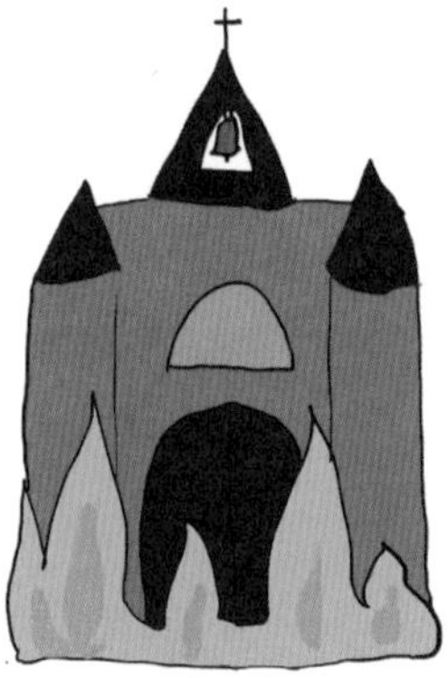

남성 지배적 성향이 강한 곳에 불을 지른다거나.

아니면 남자들만 허락된 집회에 훅 치고 들어가 방해를 한다거나.

이런 일로 인해 여성 참정권 운동가들은 감옥 신세를 지게 되었다.
또한 단식 투쟁을 하려는 운동가들에게는 억지로 음식을 먹였다.

우린 그저 참정권을 원할 뿐이라고요!

여성 참정권 운동가들은 성폭력을 당하기도 했다. 무리를 지은 남자들이 운동가들을
골목길로 끌고 가 성폭행을 했고, 경찰은 이에 눈을 꼬옥 감아 주었다.

누군가에게서 그가 누려야 할 권리를 빼앗는 것은 엄연한 폭력 행위다. 빼앗긴 권리를 찾으려는 사람들을 억압하기 위해 힘 있는 자들이 행사하는 것은 뭐? 이것 역시 폭력이다. 하지만 당시 사람들이 비판했던 폭력은 이런 식의 폭력이 아니었다.
웬걸, 정작 비판을 받은 것은 여성 참정권 운동가들이 보인 폭력성이었다는 사실! 하긴 지금까지도 서프러제트의 폭력성에 대한 얘기가 계속 들려오는 걸 보면···

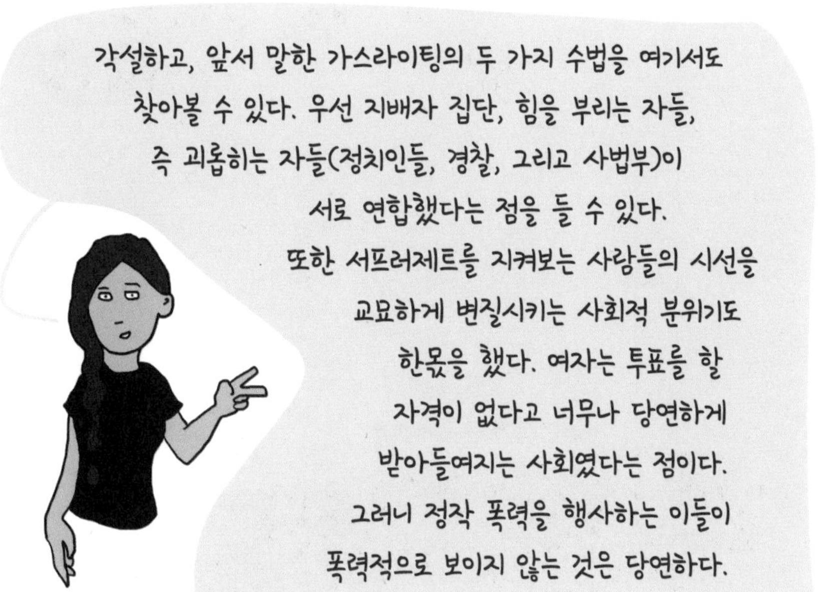
각설하고, 앞서 말한 가스라이팅의 두 가지 수법을 여기서도 찾아볼 수 있다. 우선 지배자 집단, 힘을 부리는 자들, 즉 괴롭히는 자들(정치인들, 경찰, 그리고 사법부)이 서로 연합했다는 점을 들 수 있다. 또한 서프러제트를 지켜보는 사람들의 시선을 교묘하게 변질시키는 사회적 분위기도 한몫을 했다. 여자는 투표를 할 자격이 없다고 너무나 당연하게 받아들여지는 사회였다는 점이다. 그러니 정작 폭력을 행사하는 이들이 폭력적으로 보이지 않는 것은 당연하다.

이와 같은 맥락의 일이 요즘도 벌어지고 있다.
회사를 엉망으로 만들고 자신의 일자리까지 잃게 만든 '먹튀 사장'을 쫓아가
그의 셔츠를 찢어 버린 근로자.

블링블링
럭셔리 승용차에
불을 지른
한 시위자.

경찰이 쏜 총에 맞아 죽는 피해자가 많아지자
더 이상 참지 못하고 일어선 변두리 도시의 사람들.

언제나 억압을 당하는 이들의 폭력성이 비판을 받는다.
그래서 생각해 본다···
도대체 어느 정도의
'합법적' 굴욕과 폭력의
희생자가 되어야
그나마 들고일어날
자격을 갖게 되는 걸까?

저를 보자고 하셨다고요?
아, 네! 방금 해고되셨습니다.
뭐라고욧?
자자, 감정적으로 나오지 마시고 성인답게 침착하게 얘기하시죠.

3

내가 C를 만난 건 한 페미니스트 단체에서였다.
우리는 이런저런 얘기를 나눴고, 술 몇 잔을 함께 기울였다.
C는 악몽과도 같았던 자신의 분만 경험에 대해 말했다.
나는 별 문제 없이 순산을 한 편이었다.
따라서 C의 스토리는 그야말로 굉장한 쇼크였다.
그 후 나는 이와 관련한 여러 자료와 논문을 찾아 공부했고,
결국 이 문제에 대해 이야기하기로 결심했다.

내 친구
C의
이야기

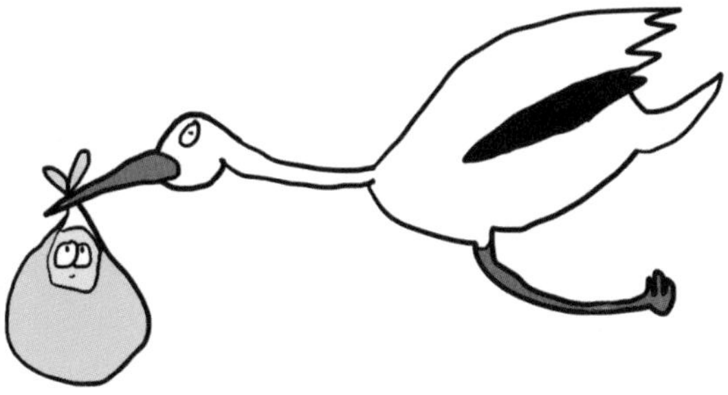

내 친구 C는 재미있고 똑똑한 여자다.

게다가 한 성격까지 하는.

2007년, C는 아이를 갖게 된다.

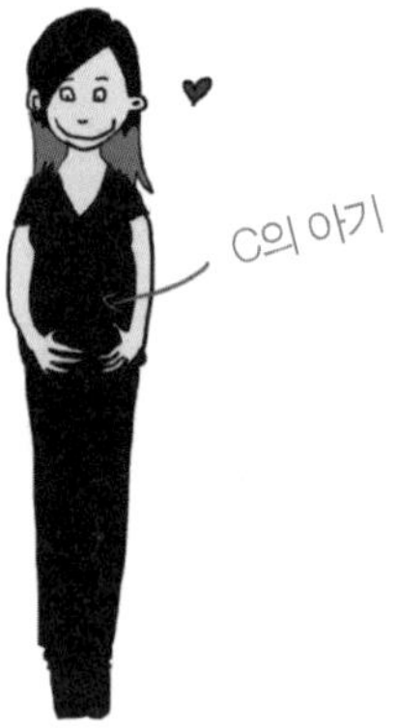
C의 아기

C는 아기를 맞을 준비를 하기 시작했다,
그것도 아주 철저히. 이는 그에게 있어
너무나도 중요한 일이었다.
최대한 자연스럽게 분만을 돕는 병원까지
섭외해 두었음은 물론,

임신부를 위한 수업에 참여하고
분만 과정에 관한 책도 많이 읽었다.

9월 11일, 드디어 양수가 터졌고
C는 병원으로 향했다. 하지만 기다리고 또 기다려도
아기는 나올 생각을 하지 않았다.
C는 병원 복도를 몇 시간이고 걷고 또 걸었다.

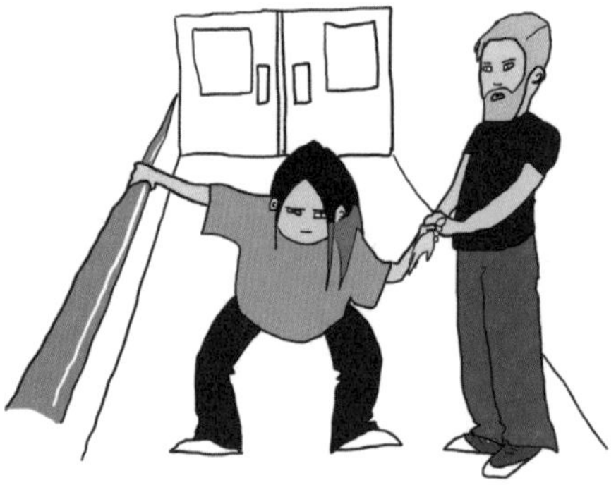

그리고 임신부 수업에서 봤던 수중분만실에
데려가 달라고 간호사에게 부탁했다.
하지만 어느 누구도 C의 말을 들어주지 않았다.

20시간째 계속된 진통에 지친 C는 결국
무통분만주사를 맞기로 했다. 그래야 제대로 힘을 줘서
아기를 낳을 수 있을 것 같았기 때문이다. 그리고 무엇보다
회음절개술은 절대로 피하고 싶었다.

그게 얼마나 싫었던지,
회음절개술에 반대한다는 성명서까지 써서
임신부 차트에 첨부했다고 한다.

무통분만주사의 효과는 아주 잠시,
다시 진통이 시작되었다. 너무나 고통스러웠지만
C는 아기를 낳을 준비가 되어 있었다.
힘주고, 또 힘주고. 시간은 점점 흘렀지만
C도 아기도 별 문제가 없었다.

회음절개술을 해야겠어요.

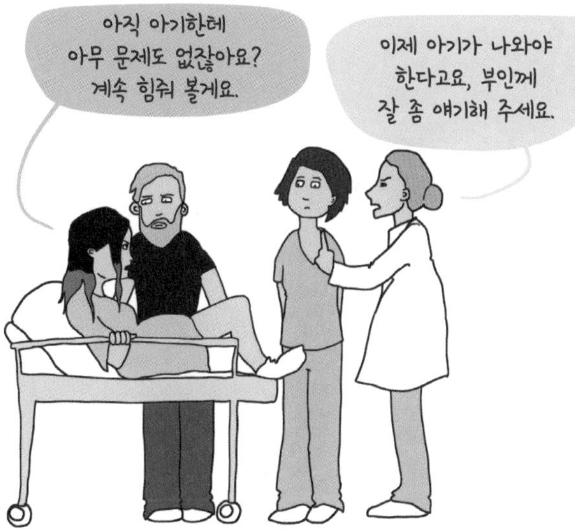
아직 아기한테 아무 문제도 없잖아요? 계속 힘줘 볼게요.
이제 아기가 나와야 한다고요, 부인께 잘 좀 얘기해 주세요.

안 돼, 안 된다고요! 싫다고 했잖아요!
움직이지 마세요!
회음절개를 해야 해요! 자, 메스!

아기는 태어났지만 C는 행복하지 않았다.
온몸이 갈기갈기 찢긴 기분이었다.
그 누구도 C에게 설명해 주지 않았지만,
분만 당시 출혈이 너무 심했던 모양이다.

의료진은 아기와 아빠를 먼저 분만실에서 내보냈다.
그리고 C는 자궁 검사, 항문 검사, 봉합술 등을
받아야 했다.

C는 아기를 낳은 후 몇 주 동안
매일매일 울었다고 한다. 그리고 회음절개술로
열세 바늘이나 꿰맸다고 한다.

게다가 봉합한 부분이 잘 아물지 않아 오랫동안
부부관계는 생각도 못 했다는…

C가 우울증에서 벗어나기까지는 아주 많은 시간이 필요했고,
정신상담의와의 수많은 대화가 필요했다.

2013
2015
JANVIER

그렇게 철저하게 준비했던 내 친구 C.
계획한 대로 된 것이 하나도 없었다.

다른 친구들에게 C의 얘기를 하면 대부분 같은 반응이었다.

네가
의사냐?
회음절개는
아기랑 엄마 둘에게
다 좋은 거야.
의사가 우리보다
더 잘 알지 않겠어?
의사가 하라는 대로
해야지.

이렇게 말하는 친구들과는 달리 C는 알고 있었다.
회음절개술이 꼭 필요한 시술이 아니라는 사실을 말이다.
우선 회음절개술이 무엇인지 살펴보도록 하자.

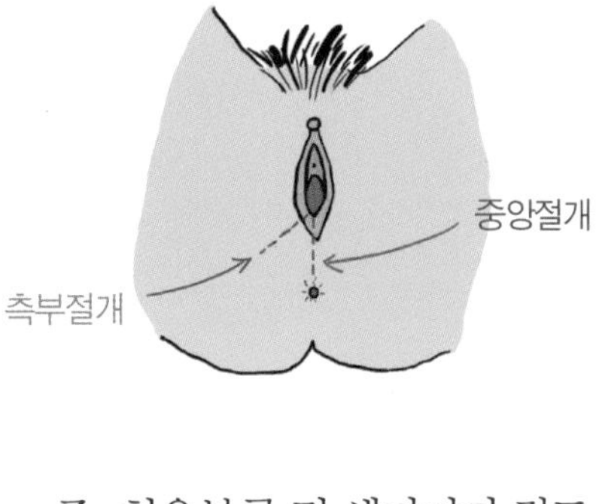
중앙절개
측부절개

즉, 회음부를 몇 센티미터 정도
찢어 주는 시술을 말한다.

예전에는 정말 어쩔 수 없는 마지막 상황에서만 시행되던 시술이
1920년대 이후에 성행하게 된다.

샤샥

요즘은 약 30퍼센트의 임신부가
회음절개술을 받는다고 밝혀졌다.

회음절개술을 하는 이유는 의사마다 다르다.

신생아의 머리가 다치면 안 되니까요.
아기가 회음부를 거치면서 트라우마를 겪으면 안 되니까요!
회음부가 더 많이 찢어지는 것을 방지하기 위해서죠.

문제는 의사들의 설명에 어떠한 과학적 근거도 없다는 사실이다.

아기의 머리둘레와 회음부 상처 사이에는 어떠한 상관관계도 없다.
자궁문이 좁은 것이 아기에게 더 유용하다고 한다. 아기가 호흡기를 제대로 비워 낼 수 있기 때문이다.
회음부에 큰 상처가 나는 경우를 보자. 회음부가 찢어지는 것은 어쩔 도리가 없다는 건 이미 예전부터 알고 있던 사실이다. 하지만 회음절개술을 받으면 그 상태가 더 심각해지니 그것이 문제. 어쩌면 너무나 당연한 일일지도 모른다. 이미 찢어 놓은 데를 더 찢는 건 너무나 쉽지 않은가?

말도 안 돼! 정말 아무 쓸모가 없는 수술이라면 왜 의사들이 계속 하겠어?
일종의 습관인 셈이지. 그리고 분만 시간을 더 줄이려는 것일 수도 있고. 물론 엄마가 힘주는 데 너무 힘들어하거나 아기가 고통을 받는 상황이라면 이해가 돼.
하지만 가끔은 정말 분만을 빨리 끝내려고 그러는 거야…

사실은 이렇다. 여성의 생식기를 볼 때, 생식 기관 그 이상의 역할에 대해서는 아무런 관심이 없기 때문이라는 말이다.

2005년, 국립프랑스산부인과의사협회에서는 회음절개술이 의학적으로 봤을 때 꼭 필요한 수술이 아니라고 이미 밝힌 바 있다.
하지만 우리는 산부인과 의사에게 회음절개술이 불필요한 시술이라고 말하지 못하고 있는 실정이다.
물론 아기와 엄마의 건강과 생존 문제를 운운함으로써 회음절개술을 강요하고 있는 것도 사실이다. 이렇게 우리는 찍소리도 한 번 못 해 보고 남의 손에 내 몸을 그저 맡겨 버린다···

하지만 조금만 신경을 쓰고 노력하면 얼마든지 바꿀 수 있다. 브장송 시의 경우, 회음절개술을 받는 임신부가 1퍼센트도 안 된다고 하니 말이다.
덕분에 심각한 회음부 손상도 줄었다고 한다.
대신 작은 상처(꼭 봉합술이 필요없이 자연스럽게 아무는 상처)가 나는 경우가 더 많아졌다고 한다. 누가 일부러 찢는 대신 스스로 알아서 찢어지는 자연적인 현상이다.

의사 선생님들, 제 말씀 좀 들어 보세요. 환자를 돌본다는 것이 꼭 그 환자를 살려 놓기만 하면 된다는 뜻은 아니잖아요?
환자의 정신과 육체가 너무 고통받지 않도록 마음을 써 주는 것도
환자를 돌보는 일이랍니다.

아뵤오오오오! 뭐? 회음절개?

4

2016년 여름, 점점 더워지고 있다.

슬슬 무더운 날씨에 맞는 옷을 꺼내야 할 때.

회사 동료 한 명이 말했다, 여름이 되면 짧고, 얇고, 비치는 원피스를 입는 여자들이 많아져 심히 기분이 좋다고.

나는 그에게 말했다, "여자들이 샬랄라 원피스를 입는 건 님을 위해서 그런 게 아니거든여?"

남자들의 안구 정화를 위해 여자들이 존재한다고 생각해도 되는 이 사회, 이런 슈레기 같은 @&%$...

남자들의 시선

몇 년 전의 일이다. 나는 남사친과 함께 바닷가에 앉아 두런두런 이야기를 나누고 있었고, 마침 우리 앞에는 한 아가씨가 바닷물에 몸을 담그고 있었다.

그런데 그 아가씨가 물에서 나오자 내 남사친이 뭐 못 볼 거라도 봤다는 듯 오버를 하며 말했다.

헐, 승마살 장난 아니심!

남자들이 여자의 몸을 보면서 그런 반응을 보이는 건 흔하게 봐 왔다.
그때가 처음도 아니었고 마지막도 아니었다.
단지 그때의 일이 더 기억에 남는 이유가 있다.
놀림감이 되어 버린 그 아가씨도 내 남사친의 말을 들었다는 것.

뭐, 각자 자신들의 생각이나 의견이 있을 수는 있겠다.
하지만 아무 때나 훅 치고 들어가도 상관없다고 생각하는 남자들 때문에 문제가 복잡해진다.

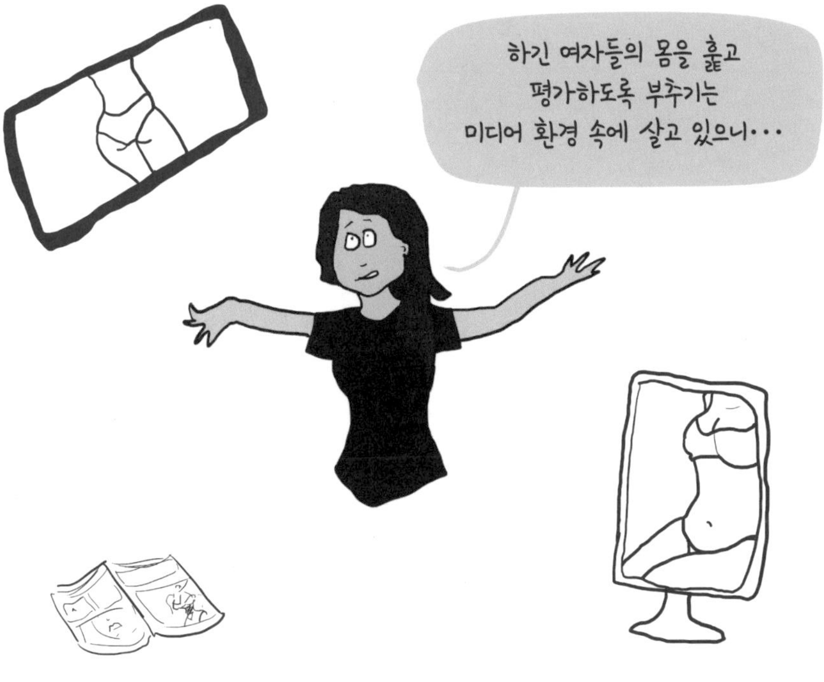
하긴 여자들의 몸을 훑고 평가하도록 부추기는 미디어 환경 속에 살고 있으니···

영화는 물론이고

광고에서도.

ARE YOU BEACH BODY READY?
LES FRANÇAISES AUSSI ONT DE BELLES CARROSSERIES
l'été vit plus fort
GOÛTEZ AU CONFORT
CONTRÔLE TECHNIQUE AUTOMOBILE
rien ne nous échappe...

그리고 만화에서까지.

비디오 게임은 말할 것도 없다.

위에 언급한 세계에서 여자들의 모습은 언제나 울트라 섹시하게 표현된다.
그런데 이런 섹시녀들에게는 이렇다 할 역할도, 대사도, 어떨 때는 이름조차 주어지지 않는 경우가 많다. 그저 큰 가슴과 엉덩이만 보여 주고 빠지면 된다는 것이다.
게다가 이 섹시녀들은 맥락에 전혀 맞지 않는 옷을 입고 나온다거나 이상한 포즈를 취하며 뜬금포를 펑펑 쏴댄다. 아니, 끈팬티를 입고 좀비랑 싸우다니, 말이 되냐고요!
위의 그림을 자세히 보자. 엉덩이와 가슴이 유독 티가 나지 않는가? 해부학적으로 봤을 때 이런 몸매는 절대 가능하지 않다. 그러나 이를 보는 남자들에게는 '글래머 엉덩이와 가슴 1+1 행사'라는 일타이피의 효과를 줄 수 있다.

가끔은 얼굴도 없이 몸의 한 부분만 툭 잘려서 나오는 경우도 있다. 이를 '단편화' 혹은 '파편화'라 한다.
얼굴도 없이 몸만 보이는 영화 포스터를 모아 놓은 텀블러까지 있는 세상이니!

하지만 진짜 심각한 문제는 따로 있다.

이성애자 남자들의 시선에 의한, 시선을 위한 세계에서는 늘 그렇듯이…

베이글녀
역할도 분명하고 대사도 많고 이름도 있는 주인공 남자

여자들끼리도 서로를 사물화시키기 시작한다는 사실이다. 이래야 쿨한 여사친이 될 수 있다고 생각하는 것이 문제다!

야, 저 여자
봐 봐.

나는 개인적으로 이 반대의 상황을 겪어 본 적은 없다. 남사친에게 잘생긴 남자를 가리키며 "야, 저 남자 봐 봐."라고 했을 때 그들은 모두 이렇게 말했다. "난 게이가 아니라서…"

야, 저 남자 봐 봐.
이런 일은 없음

자, 지금까지 여자들의 몸이 비인간적으로 표현되는 걸 봤다, 이성애자인 남자들의 안구 정화를 위해서 말이다. 그런데 이게 끝이 아니다. 내 남사친의 얘기를 들어 보자.
그래, 그렇다 치자. 남자가 여자를 좀 보는 게 뭐 그렇게 큰 문제냐?

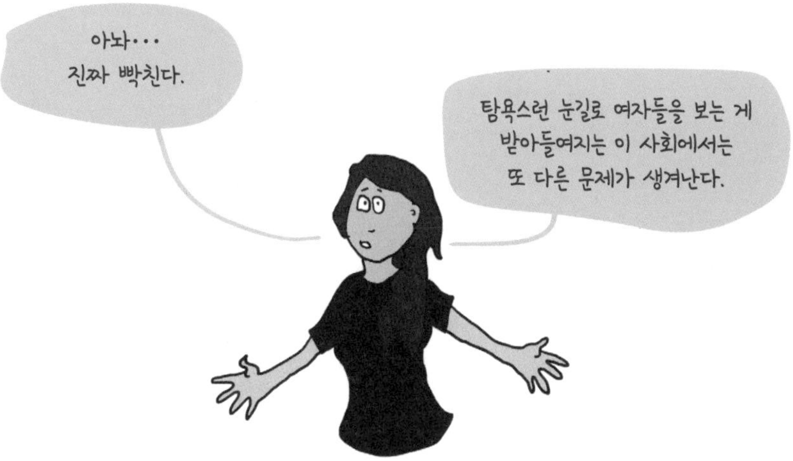
아놔…
진짜 빡친다.
탐욕스런 눈길로 여자들을 보는 게 받아들여지는 이 사회에서는 또 다른 문제가 생겨난다.

이성애자가 아닌 사람들은 이런 상황에 적응해야 할 수밖에 없다는 것. 별 가치도 없고 중요하지도 않은 여자의 역할에 스스로를 이입하거나, 아니면 자신의 성 정체성을 버리고 이성애자인 남자에게 스스로를 이입하는 방법밖에는 없다. 우리는 어렸을 때부터 누군가에게 스스로를 이입시키면서 정체성을 발전시켜 왔다. 그러니 무뇌의 베이글녀 아니면 일반적(?!) 이성애자 남자 사이에서 선택을 해야 하는데… 둘 다 자신의 성 정체성과 맞지 않는 상황이라면? 그럼 어쩌지?

음...

바닷가에서 내 남사친이 저지른 행동과 마찬가지로 남자들은 여자들의 몸을 훑고 그에 대해 이러쿵저러쿵하는 게 버릇이 되어 버렸다. 여자들을 다른 시선으로 보는 데 익숙하지 않은 것이다. 회사에서도 마찬가지다. 여자 신입 사원이 들어올 때마다 어떤 얘기가 들려오는가? “어때? 예뻐?”

여자들은 이런 상황을 많이 겪었기 때문에 마음이 편할 수가 없다. 길가에서, 버스나 지하철에서, 회사에서… 남자들이 우리를 보고 있다는 걸 알기 때문에 긴장을 풀거나 하는 일에만 집중하기가 어렵다.

유후~

여자들에게 있어 누군가의 시선을 받는다는 사실이 얼마나 부정적으로 작용하는지, 그래서 자신감은 물론 지적 능력 향상에 얼마나 방해가 되는지 연구한 경우도 있다.
남자들의 시선에 너무 익숙해진 나머지 혼자 있을 때도 누군가가 자기를 쳐다본다고 느낀다고 한다.
이에 대한 연구도 많다. 그 중 하나로 2012년에 브뤼셀 자유 대학교에서 진행된 연구를 살펴보자. 이 대학교 연구자들은 우리가 무언가를 보고 그것이 무엇인지 인식할 때 뇌가 어떻게 움직이는지 분석하였다.
연구 결과 사람과 물건을 알아보는 방법이 다르다는 점이 밝혀졌다. 물건의 경우, 그 물건을 이루는 세부 사항을 통해 그것이 무엇인지 알아보게 된다고 한다. 하지만 사람의 경우는 조금 다르다. 한 인간이라는 독립체를 이루는 여러 세부 사항들이 서로 어떻게 관계를 지으며 자리 잡아 가는지, 그 방법을 살펴본다고 하는데…

브뤼셀 자유 대학교 연구자들은 말한다, 한 남자를 볼 때 우리는 곧 그를 인간으로 바로 인식한다고 말이다. 반면 여자를 볼 때는 다르다. 마치 물건을 볼 때처럼 그 여자를 이루는 세부 사항을 보고 분석한다고 하는데 이는 남자가 여자를 볼 때나 여자가 여자를 볼 때나 똑같다고 한다.

쿨!
흠…

상호 작용은 인간끼리 가능하다. 물건과는 상호 작용을 하지 않는다. 물건은 '사용하라고' 있는 것이다.
그러니 여성을 물건으로 보기 시작하면 문제가 많아진다. 여자들의 의견을 존중하지 않거나 하는 등의 문제 말이다.

그나마 연구자들이 말하는 결과 중 희소식이 있다면··· 좀 더 포괄적인 시선을 장착하고 여자를 인식해야 하는 상황에서는 그녀를 보는 방법이 조금 달라진다는 데 있다.
그러니 여성이 물건처럼 여겨지는 이 심각한 문제도 얼마든지 해결할 수 있다.

남녀노소 불문하고 우리 '모두' 노력 좀 하자, 제발.
여자를 두고 하나씩 뜯어보는 일 좀 그만두자.
대신 이보다 훨씬 흥미롭고 재미있는 생각을 해 보는 건 어떨지.

야, 아이스크림
먹고 싶지 않냐?

끈팬티의
괴력을 보여 주마!

5

무더운 여름. 안 그래도 활동가들의 '움직임'이 뜸해지는 시기.

많은 시위와 '뉘 드부'★의 활동도 정부와 경찰의 압력과 폭력으로 무산되고 있었다.

그리하여 나의 생각과 정신 활동 역시 우왕좌왕 여기 갔다 저기 갔다 가벼운 산책을 계속하고 있던 터.

그러다 결심했다, 내가 발견한 인체의 신비 중 가장 신기한 것에 대한 얘기를 해 보기로.

바로 '클리토리스'에 대한 이야기다!

★ 번역가 주 : 2016년 3월 31일, 노동법 개정에 반대하며 프랑스 곳곳에서 열린 시위를 시작으로 결성된 단체로 더 나은 세상을 만들고자 하는 뜻을 모아 프랑스 각 도시의 공공장소에서 여러 목표를 두고 시위하는 모임을 가리킨다.

너의

거시기를

봤느냐?!

자, 오늘은 클리토리스에 대한 이야기를 좀 나눠 보도록 하자.
요런 거? 학교에서 가르쳐 주지 않는다. 그러니 우리(남녀 불문)가 클리토리스에 대해 좀 알게 되는 때는 꽤 시간이 지나고 나서다.

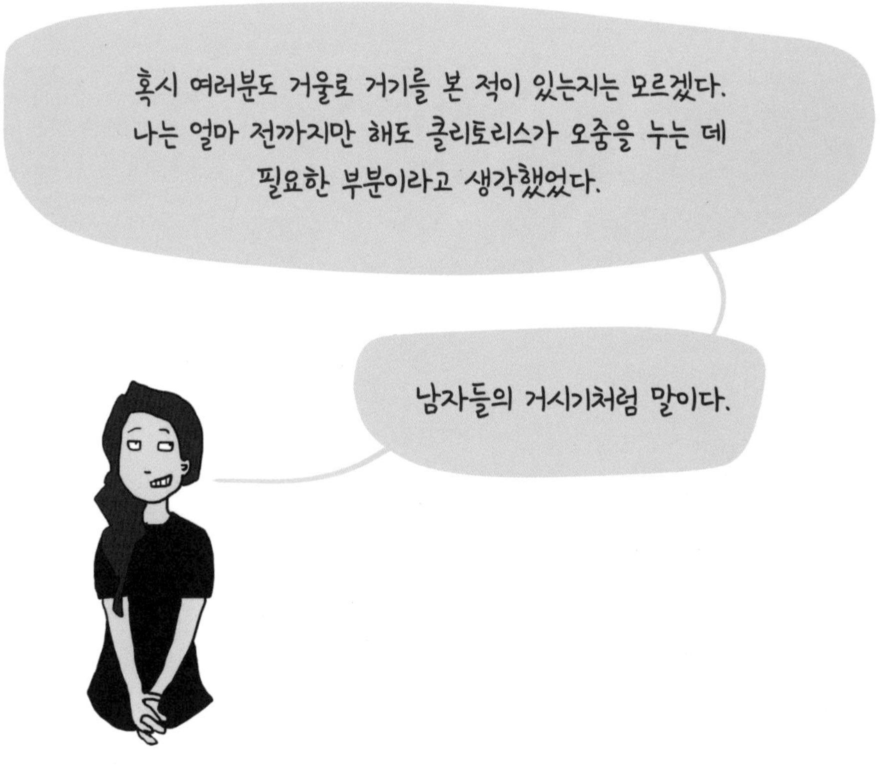
혹시 여러분도 거울로 거기를 본 적이 있는지는 모르겠다. 나는 얼마 전까지만 해도 클리토리스가 오줌을 누는 데 필요한 부분이라고 생각했었다.
남자들의 거시기처럼 말이다.

자세한 설명은 넘어가도록 하겠다만…

나는 클리토리스에 대해 몇 가지 정보를 찾아봤다.

그러나 뭔가 믿음이 가지 않았다.

그래서 결심했지, 직접 관찰해 보기로.

아놔, 이건 뭥믜.

나처럼 여성의 거시기가 어떻게 생겼는지

잘 몰랐던 이들을 위해 준비했다!

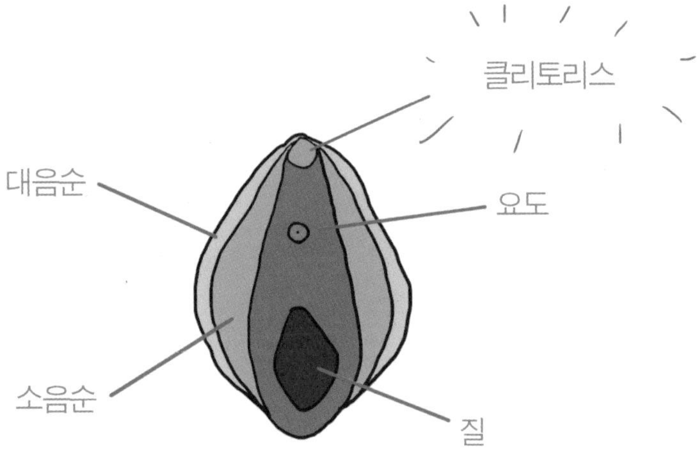
클리토리스
대음순
요도
소음순
질

어찌 이리 미세한 것이 당신의 몸 안에서
은하계를 백만 번 돌고 오는 것과도 같은
흥분의 쓰나미를 만들어 낸단 말인가!

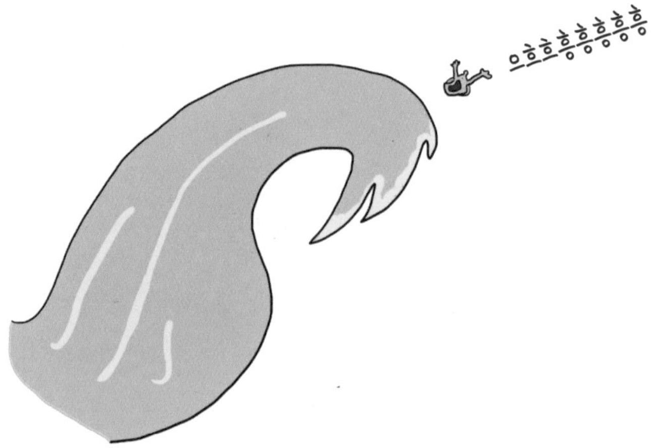
으흐흐흥흥흥흥흥

간단하다, 요 작기만 한 것이 아주 거대한 무언가의 뿌리이기 때문이다.
그것도 다리가 여럿 달린 스펙타클한 그 무언가의 뿌리.
거미나 곤충 공포증이 있는 사람들은 마음의 준비를 단단히 하시기 바란다, 바로 다음 장에 클리토리스를 그려 놨으니까.

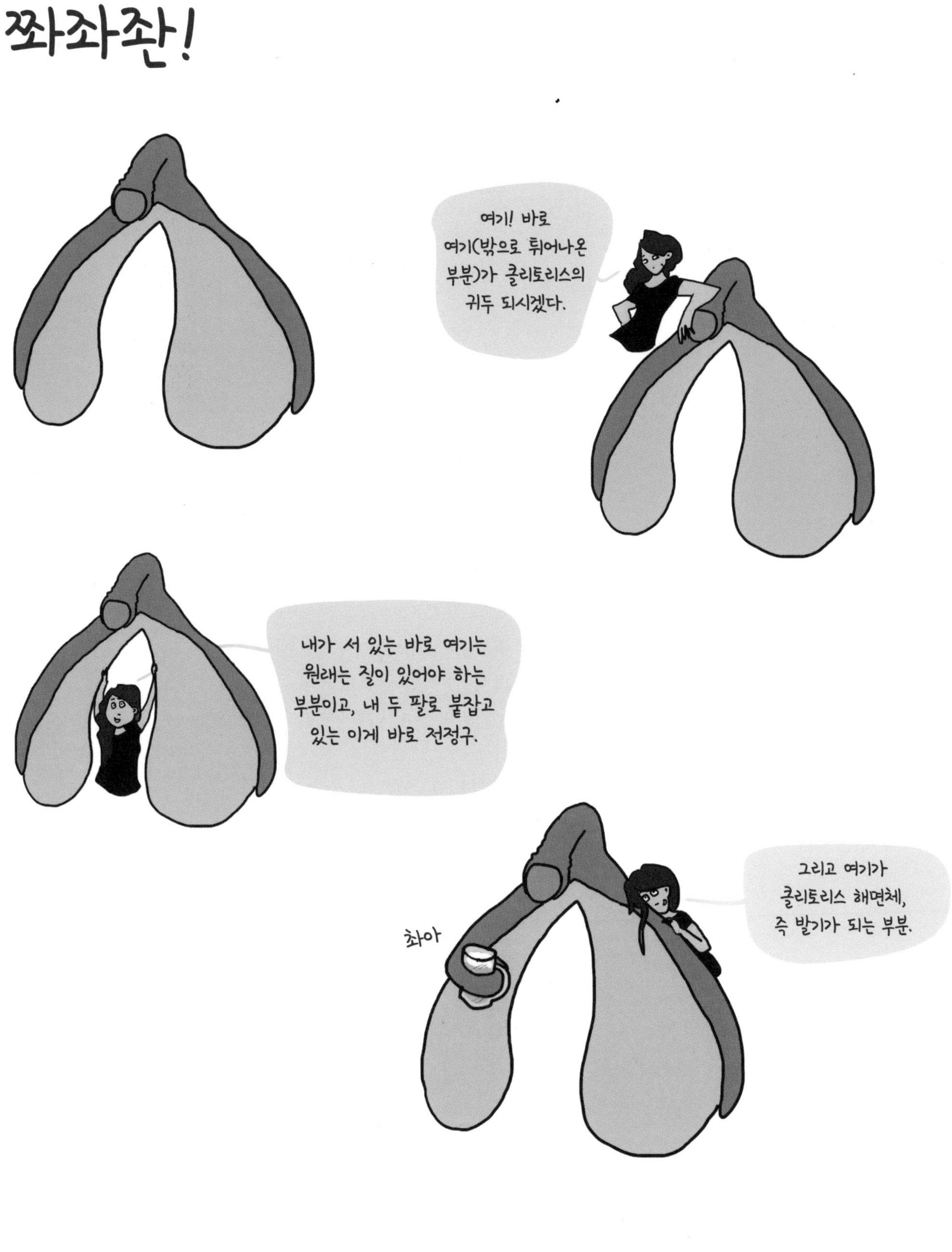
쫘좌좐!
여기! 바로 여기(밖으로 튀어나온 부분)가 클리토리스의 귀두 되시겠다.
내가 서 있는 바로 여기는 원래는 질이 있어야 하는 부분이고, 내 두 팔로 붙잡고 있는 이게 바로 전정구.
좌아
그리고 여기가 클리토리스 해면체, 즉 발기가 되는 부분.

아주 미세한 줄로만 알았으나 사실은 엄청 컸던 바로 이것이 어떻게 해서 당신에게 무한한 감동과 희열을 주는지 이제부터 설명해 보도록 하겠다.
귀두 부분이 자극을 받으면 클리토리스의 해면체가 발기하면서 질 혹은 항문 삽입 시 판타스틱한 흥분의 도가니에 풍덩 빠지게 된다.
그러니 질 삽입을 통한 '오르가슴'이 진짜 질로 뭔가가 들어와서 발생하는 것이 아니다. 이 모든 것이 클리토리스의 내부 기관 덕분이라고 할 수 있겠다. 하지만 누구나 오르가슴을 경험하는 것은 또 아니다. 왜냐, 우리가 느끼는 감각에는 수많은 상황과 요인이라는 변수가 존재하기 때문이다.

흥분과 오르가슴을 느끼는 것은 스킨선(혹은 스킨샘) 때문이라고 생각하는 것이 일반적인 의견이다. 그리고 이 스킨선은 요도를 따라 나 있는데 개인마다 그 양은 다르다고 한다.

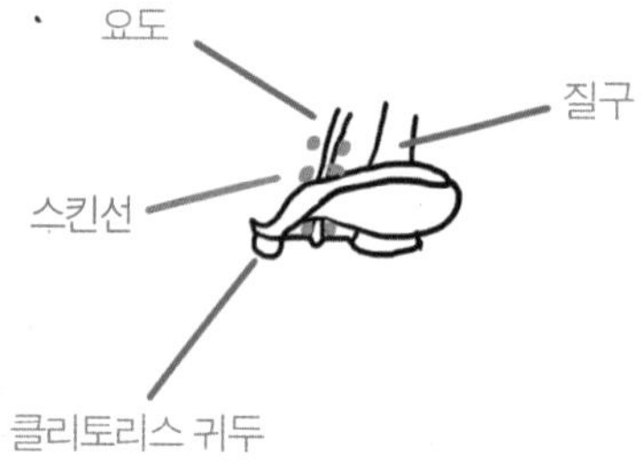
요도
질구
스킨선
클리토리스 귀두

그리고 여성 사정 시 분출되는 점액도 스킨선에서 만들어진다.

물론 이는 성적 흥분 시 바르톨린선에서 분출되는 점액과는 또 다르다고 한다.

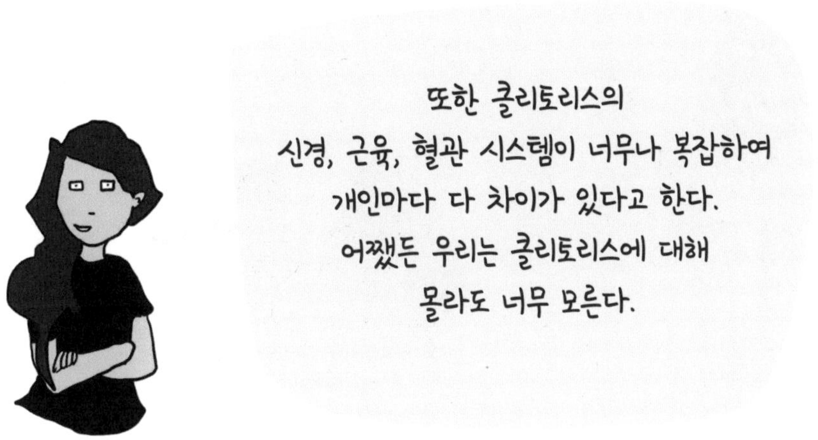
또한 클리토리스의 신경, 근육, 혈관 시스템이 너무나 복잡하여 개인마다 다 차이가 있다고 한다. 어쨌든 우리는 클리토리스에 대해 몰라도 너무 모른다.

하지만 그런 데에는 다 이유가 있다. 그게 뭐냐고? 아무도 클리토리스에 대해 신경을 쓰지 않기 때문이다.
ㅠㅠ··· 내 덕분에 《깜놀판타스틱스페이스쓰나미》도 알게 되는 건데 다들 너무해···

하지만 클리토리스의 존재는 이미 16세기에 알려졌다고 한다.
당시에는 오르가슴을 경험해야 임신이 된다고 생각했었다.
그러니 남성들의 손과 거시기가 무지 바쁘게 움직일 수밖에 없었다.

흥흥흥
드드득

그런데 골치 아픈 문제가 발생하게 된다.
점점 페니스 없이 오르가슴을 느끼는 여성들이 많아진다는 것이었다.

아흐ㅇㅇㅇㅇㅇㅇ응

그래서 여성들의 자위행위가 금지되었고 할례가 거행되었다.
19세기 독일에서는 자위를 하려는 여자아이들의
클리토리스를 아예 잘라 버렸다고도 한다.

하하, 봤지?
어떻게 되는지?

결국 20세기가 되어서야 오르가슴이 임신과
아무런 상관이 없다는 사실이 밝혀졌다.

그래서 '클리토리스'라는 단어를
사전에서 아예 없애 버렸다.

나는야 가엾고
처량한 클리토리스

그리고 프로이트가 말했다, 클리토리스를 통한 오르가슴은 어린애들한테나 해당하는 사항이고 진정한 성인 여성이라면 삽입을 통해서만 진짜 오르가슴을 느낄 수 있다고 말이다, 쩝…

진짜 여성
그리고 나머지

그렇다면 오늘날에 와서는 어떤가?

뭐, 특별히 달라진 것은 없다. '진정한 성교는 삽입이지!'라는 의견이 여전히 강하다.
삽입의 여러 방법
Q : 나는 삽입이 싫어요, 어떡하죠?
삽입
삽입, 어떻게 하면 좋은가?
성전문의의 답

학교에서 클리토리스에 대해 가르치지 않음은 물론이요,
학술 논문에서도 이 분야는 거의 사각지대에 있다고 할 수 있겠다.

하긴 왜 ‘아무짝에도 쓸모가 없다’고 여겨지는
신체 기관에 관심을 갖겠는가?

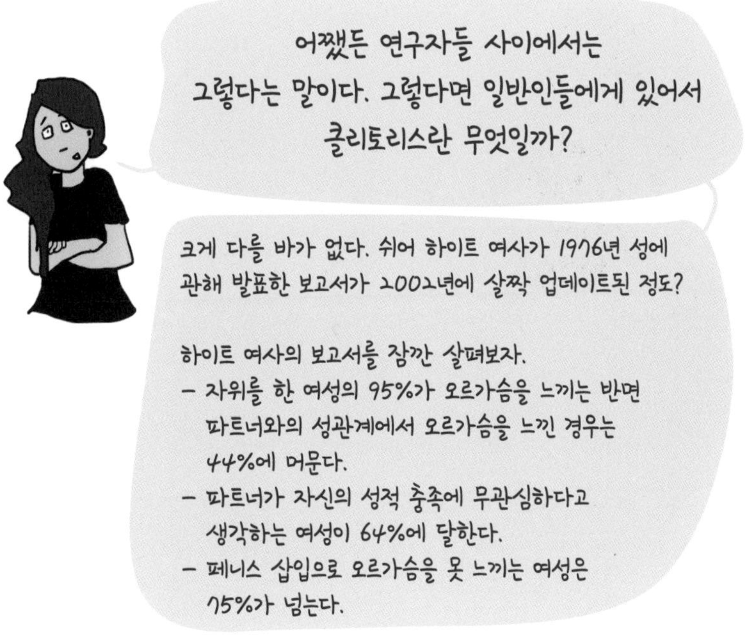
어쨌든 연구자들 사이에서는 그렇다는 말이다. 그렇다면 일반인들에게 있어서 클리토리스란 무엇일까?
크게 다를 바가 없다. 쉬어 하이트 여사가 1976년 성에 관해 발표한 보고서가 2002년에 살짝 업데이트된 정도?
하이트 여사의 보고서를 잠깐 살펴보자.
- 자위를 한 여성의 95%가 오르가슴을 느끼는 반면 파트너와의 성관계에서 오르가슴을 느낀 경우는 44%에 머문다.
- 파트너가 자신의 성적 충족에 무관심하다고 생각하는 여성이 64%에 달한다.
- 페니스 삽입으로 오르가슴을 못 느끼는 여성은 75%가 넘는다.

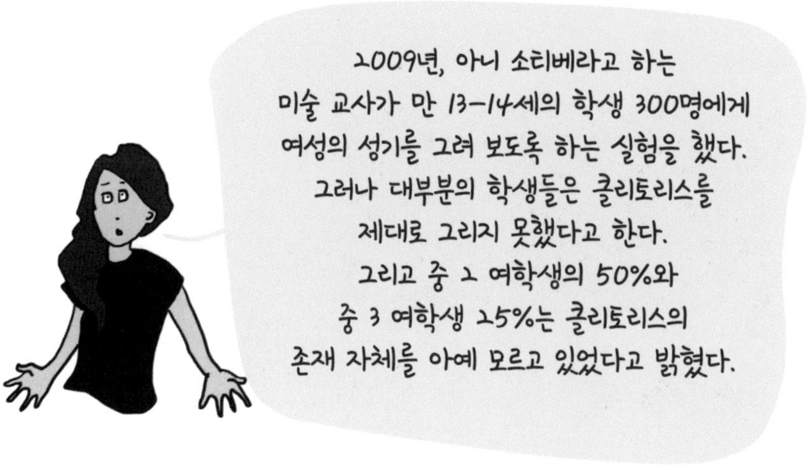
2009년, 아니 소티베라고 하는 미술 교사가 만 13-14세의 학생 300명에게 여성의 성기를 그려 보도록 하는 실험을 했다. 그러나 대부분의 학생들은 클리토리스를 제대로 그리지 못했다고 한다. 그리고 중 2 여학생의 50%와 중 3 여학생 25%는 클리토리스의 존재 자체를 아예 모르고 있었다고 밝혔다.

하긴 클리토리스에 대해 얘기를 하지 않으니 학생들이 모르는 것도 당연한 듯.
그런데 말이다, 오로지 성적 충족을 위해서만 존재하는 신체 기관이 우리에게 있다는 데 왜 관심을 갖지 않는 걸까?
자, 지금이 적절한 타이밍이다. 얼른 가서 거울 하나를 가져와 보자. 그리고 혼자서든 파트너랑 함께든 놀라운 세계로의 탐험을 시작해 보는 거다, 유후우!

여보세요,
거기가 아니고 여기거든여?

아놔, 이건 뭥미.

6

7월의 어느 날.

24세의 아다마 트라오르 씨가 경찰 폭력의 희생자가 되는 사건이 발생한다.

내 생각과 정신 활동은 더 이상 우왕좌왕할 새가 없다.

매년 경찰 폭력으로 사망하는 사례가 10건 이상 발생한다고 하니,

이에 대해 이야기해 보기로 하자.

평범한

교외

거주자

24세의 아다마 씨는 발도와즈 지역의
작은 교외 도시 보몽-쉬르-오아즈에 살고 있었다.

7월 19일, 생일을 맞은 아다마 씨는 동생과 함께 시내를
산책하고 있었다. 그런데 갑자기 경찰들이 나타나
동생인 바귀 씨를 검문하려고 했다.

당시 신분증을 소지하고 있지 않았던 아다마 씨는
얼른 그 자리를 피하려 했다.

그러자 경찰들이 그를 붙잡아 억지로 연행하려 하였다.
아다마 씨는 순순히 따르겠다고 했지만 경찰은 아랑곳 않고
그의 머리를 심하게 구타하고 경찰차 안으로 내던졌다.

동생 바귀 씨 역시 경찰에 연행되었다. 그런데 경찰서에 도착해 보니
형인 아다마 씨가 수갑을 찬 채로 바닥에 누워 꼼짝도 안 하고 있는 것이 아닌가?
이를 본 바귀 씨가 소리치자 경찰은 곧 다른 곳으로 그를 데리고 가 버렸다.

우리 형 죽은 거 아니에요? 당신들이 우리 형을 죽였어요!

밤 9시, 경찰은 아다마 씨의 가족에게
그가 기절하는 바람에 병원으로 옮겨졌다고 했다.

그런 환자는 여기 없는데요?

그래서 아다마 씨의 가족은 다시 경찰서로 향했다.

아, 여기 있어요.
하지만 면회는 안 됩니다.

밤 11시, 경찰은 아다마 씨의 가족들에게
그가 경찰서로 연행되는 과정에서 사망했다고 밝혔다.

담당 검사에 따르면, 아다마 씨가 연행되는 과정에서 기절했고, 그래서 곧 응급구조대를 불렀지만 이미 너무 늦어 손을 쓸 수 없었다고 한다.

그러나 당시 사건 목격자들은 응급구조대를 본 적이 없다고 진술했고, 이미 바닥에 수갑을 찬 채로 쓰러져 있는 아다마 씨의 머리를 경찰이 세게 내리치는 걸 봤다고 했다.

그다음 날, 아다마 씨의 시신을 보겠다고 가족들이 경찰서를 찾아갔다. 그러자 경찰은 이들을 쫓아내기 위해 그들에게 최루가스를 쏘았다.

부검 결과 아다마 씨에게서는 '주목할 만한 그 어떤 상처'도 발견되지 않았고, 대신 '심각한 감염 증상'이 보였다고 한다. 목격자들의 진술에 따르면, 감염은 커녕 아다마 씨가 아주 건강해 보였다는데 말이다.

어떻습니까?
감기에 걸렸었네요, 그리고 후두부를 내려친 자국이 있어요.
좋습니다. 그렇다면 '주목할 만한 그 어떤 상처'는 없고 대신 '심각한 감염 증상'이 있다고 하죠.
요건 나의 넘치는 상상력이 만들어 낸 장면임.

이런저런 상황을 다 제쳐 놓고 이 이야기를 살펴보면, 경찰 측의 증언과 목격자 측의 증언이 너무나도 다르다.
[feat. 형사 콜롬보] 제 아내가 항상 말했죠, 뭔가 수상한 건 진짜 수상한 것이라고요.
진짜 문제는 경찰 측에 연행되는 과정에서 목숨을 잃은 희생자가 아다마 씨만 있는 게 아니라는 것이다.

2014년, 오씬 부라쓰 씨는 법정으로 운송되는 과정에서 머리에 총을 맞고 사망했다.
경찰 측에 따르면 오씬 씨가 동행하던 경찰의 총을 뺏으려고 해서 어쩔 수 없이 그런 것이라는데…
오씬 씨는 당시 수갑을 차서 두 손을 쓸 수가 없는 상황이었다는.

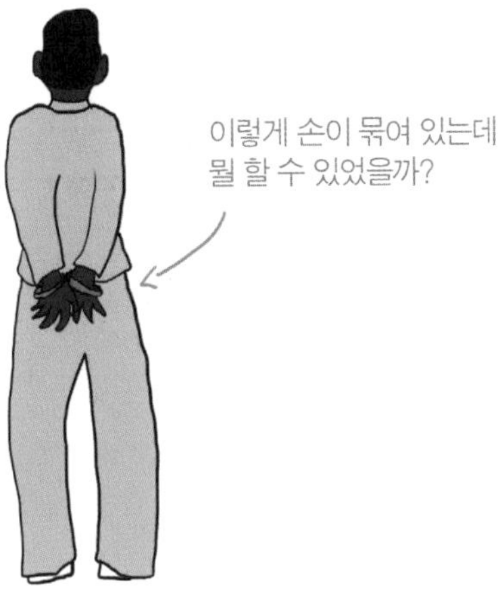
이렇게 손이 묶여 있는데 뭘 할 수 있었을까?

2014년에는 압델라 고라디아 씨가 고향인 알제리아로 추방령을 받고
공항으로 운송되는 가운데 소위 '심장마비'를 일으켜
사망하는 일이 있었다.

웁스!

미국과는 달리 프랑스에서는 경찰 폭력의 희생자에 대해 공식적인 통계를 발표하지 않는다.
따라서 민간단체에서 이 일을 대신 맡아서 하고 있는데, 경찰 폭력으로 목숨을 잃는 이가 1년에 10명에서 15명 가량 된다고 한다.
그리고 대부분의 희생자는 변두리 지역에 사는 아프리카 출신 사람들이라고 한다.

사건 경위도 항상 거기서 거기다. 경찰이 그 희생자들을 체포하는 과정, 혹은 운송 과정에서 문제가 생긴다.
희생자가 총으로 사망한 경우, 경찰 측은 정당방위였다고 한다. 그게 아니면 갑작스러운 발작 혹은 심장마비로 인한 죽음이라고 둘러댄다.
언론에서는 이런 사건은 아예 다루지도 않는다. 폭동이 일어나서 문제가 커진다면 또 모를까.
그런 경우, 희생자가 소위 '저질렀다'는(그러나 대부분은 추측일 뿐) 과거의 죄목에 대해 관심을 돌리는 것이 대부분이다.
또한 '···라면 ···했을지도 모른다', '···했다면···했을 가능성이 크다' 등 순 조건법뿐인 경찰 측의 진술을 전달하는 게 끝이다.

정부도 언론과 마찬가지의 입장을 취한다.

경찰이 저지른 과실에 대해서는 절대 언급하지 않으려고 얼마나 말조심을 하는지 모른다.

'먹튀' 사장 때문에 일자리를 잃고 화가 난 근로자 한 명이

그에게 달려가 셔츠를 찢는 소동이 일어났을 때 어땠는가?

핏대를 세우고 강경하게 나가던 언론과 정부, 도대체 어디로 갔는가?

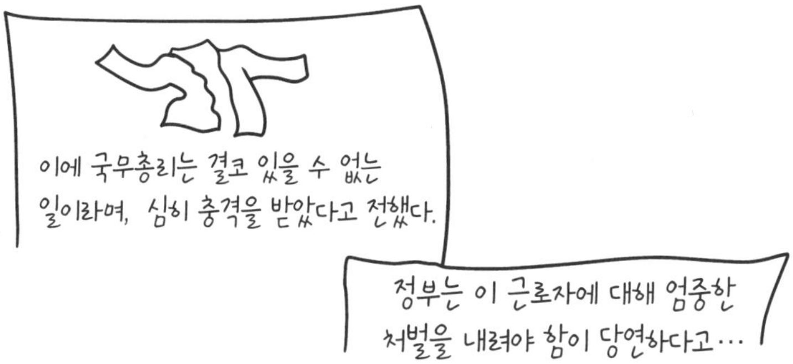
이에 국무총리는 결코 있을 수 없는 일이라며, 심히 충격을 받았다고 전했다.
정부는 이 근로자에 대해 엄중한 처벌을 내려야 함이 당연하다고···

경찰 폭력과 관련한 법원 측의 판결

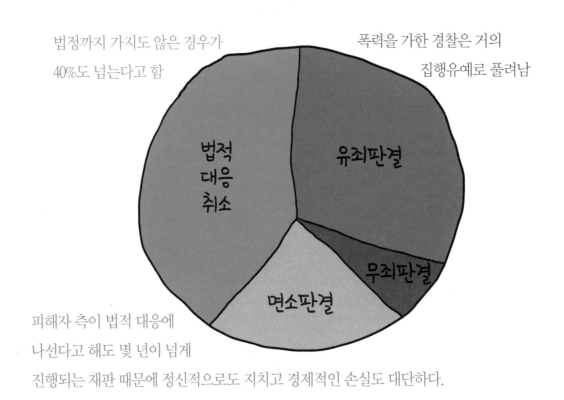

법정까지 가지도 않은 경우가

40%도 넘는다고 함

폭력을 가한 경찰은 거의

집행유예로 풀려남

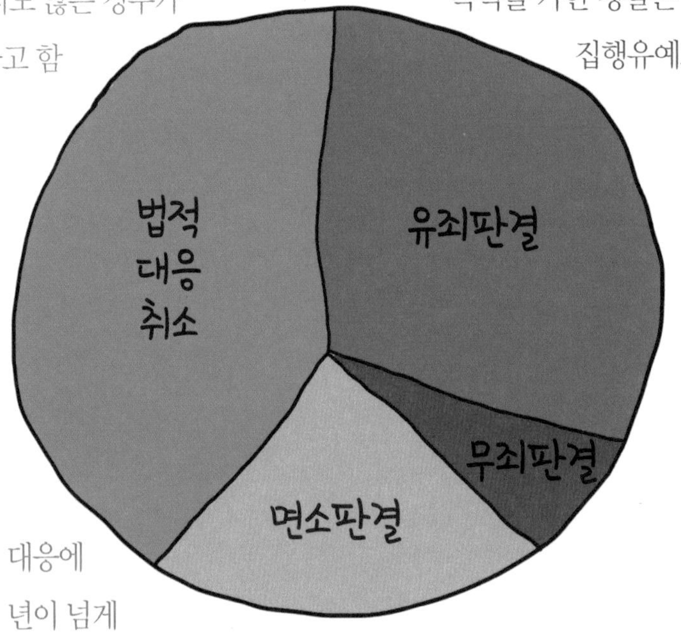

법적
대응
취소
유죄판결
무죄판결
면소판결

피해자 측이 법적 대응에

나선다고 해도 몇 년이 넘게

진행되는 재판 때문에 정신적으로도 지치고 경제적인 손실도 대단하다.

이상한 점은 말이다,
경찰을 피해 도망가는 과정에서
뭔가 사단이 나고, 그렇게
목숨을 잃은 피해자가
많다는 사실이다.

나는 소위 위험하다는 변두리 지역에 살고 있지 않았다.
그래서 꽤 오랫동안은 이렇게 생각했었다.

경찰을 피해 도망가려고 했다면
뭔가 죄를 지었거나 그럴 만한
이유가 있었던 게 아닐까?

하지만 '뭔가 죄를 지었거나 그럴 만한 이유가 있을 수도 있는' 사람이라고 해서 죽어도 된다는 법은 없다.
사법부라는 게 왜 있는가? 이런 걸 통제하라고 있는 게 아닌가?
그리고 경찰과의 대면을 피하려 했던 젊은이들 대부분은 그 어떤 잘못도 없는 사람들이었다.
경찰 검문을 피해 도망치다 변압소에서 목숨을 잃은 '지예드와 부나' 사건이 한창 입에 오르내릴 때의 일이다.
지예드와 부나, 두 사람과 자주 어울려 다녔던 한 친구가 어느 기자와 한 인터뷰가 인상 깊었다.
기자: 경찰이 검문을 하겠다고 학생 가까이로 오면 어떻게 대처할 건가요?
친구: 무작정 달리는 거죠. 경찰이 가까이 오면 무조건 토껴요, 뭐 생각하고 말고 할 것도 없어요.

그 어린 것들이 쫓아오는 경찰이 무서워
전기변압소 안으로 들어가는 위험을 감수했다니…
나는 생각해 본다… 도대체 경찰은 누구를 지키는 경찰인가?

제 발로 변압소까지 들어갔으니
살아날 가능성은 희박한 거 아녀?
POLICE

아직도 하루에 5번 이상 불심 검문에 시달리고 계십니까?

아무런 죄도 없는데 경찰서 유치장으로 자꾸 불려가십니까?

그런 당신을 위해 준비한 선물!
백인 얼굴과 양복,
지금 당장 잘라서 사용하세요!

7

2017년 1월, 블로그를 시작한 지도 1년이 되었다.
블로그 탄생 1년을 기념하며 내가 왜 페미니즘에 관심을 갖기 시작했는지 얘기해 보기로 하자.
왜냐고 물으신다면 나는 애를 낳아서 그렇다고 대답하겠다.

휴가

5년 전, 나는 출산 휴가를 마치고
다시 직장에 나갔다.

점심시간, 내 동료들은 여름휴가 계획에 대해
진지한 토론에 들어갔다.

2주만 지나면
떠난다. 아, 휴가야,
빨리빨리 오셈.

전 이번에 브르타뉴로 가요.
친구들이랑 거기에
집 한 채를 빌렸거든요,
3주 정도 있을 계획이에요.

뭐야, 자기는
벌써 휴가 다녀왔잖아!
아, 완전 좋겠다!

나는 아기 낳을 때의 기억을 떠올려 보았다.

산부인과

정말 다행히도 애를 빨리 낳은 편이다.

겨우 6시간 진통을 했을 뿐이다…

아, 나 죽을 것 같아!

분만실에서 힘을 주기 시작한 지 20분 후.

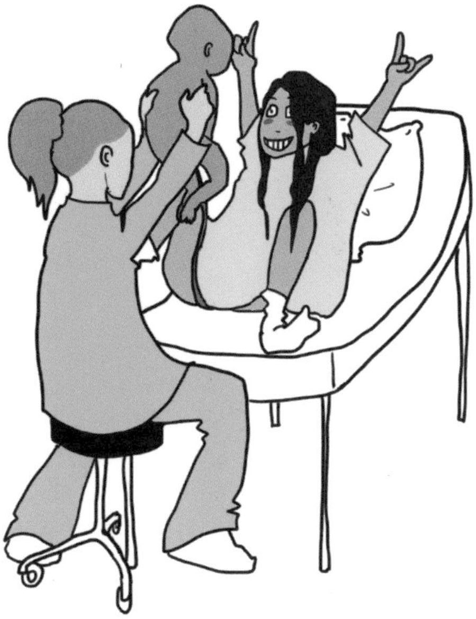

나는 갓 태어난 내 아들과 함께 입원실로 옮겨졌다.

임신 전의 몸매는 뭐… 이미 짐 싸서 나간지 오래됐고…
대신 축 늘어진 빈 주머니 같은 게 "나 뉴규? 당신의 배!"라며 버티고 있고,
무통주사를 맞은 부분은 시퍼렇게 멍이 들어 있었다.
물론 나의 은밀한 그곳은 고이고이 바늘로 꿰매져 있었다.

아···
이게 뭥믜···

안 그래도 섹시해서 돌아가실 것 같은 이 상황에
화룡점정 콕 박아대는 사건이 있었다! 세상에, 나한테!!!!
생리대 같은 게 밑에 깔려 있는 그물 팬티를 입으라고 주는 게 아닌가…
계속 피가 날 것이니 이걸 입고 있으란다.

아
ㅅㅂ···

괜찮아, 괜찮아.
뭐 이런 걸 갖고··· 이젠 편히
잠 좀 잘 수 있으니 다 괜찮아.

저녁 8시. 아기를 눕혀 놓고 나도 잠을 청하기로 한다.

잘 자라,
우리 아가.

9시. 아기가 깨고 으에에엥 하더니
그렇게 한 시간을 울어댔다.

오··· 왜 그래?
어디 아프니?
엄마가 뭘 잘못했어?
으아아아아아앙
으에에에에엥

11시. 간호사가 들어왔다.

애기 젖 물리실
시간이에요.
지금 막
잠들었는데요?
그럼 애 옷을 벗기세요.
추우면 일어나요.

아기는 울어대고, 간호사는 왔다갔다 정신 없고…
그렇게 날밤을 새웠다. 그렇게 찾아온 아침.
이번에는 새로운 간호사가 입원실을 찾았다.

자, 저 따라오세요.
아가 목욕 어떻게 시키는지
가르쳐 드릴게요.

잠을 못 자 피곤했고, 뭐가 뭔지
이해도 안 됐고, 여기저기 쑤시고 아팠다.

안쪽에서 바깥쪽으로
닦아야 한다고요!
잠은
잘 잤어?
한숨도 못 잤어…
참, 아침에 아기 목욕
시키는 법 배웠어.
아, 정말? 그럼, 그거
나한테 가르쳐 주면 되겠다!

자기, 왜 그래?
무슨 일이야?
출산 후 우울증
같은 거예요.

그렇게 3일 밤을 꼬박 새우고 산부인과를 떠났다.
입원실이 부족해서 더 이상 있을 수도 없었다.

우리 아기는 계속해서 울어댔다.

병원에 전화해 봐야
하는 거 아냐?
글쎄, 나도 잘···
으에에에엥

밤에는 세 시간에 한 번씩 젖을 물려야 했다.

0:00
으에에에엥
아놔.
3:00
으에에에엥
벌써?
6:00
으에에에엥
눈도 못 붙였는데···

아기를 겨우 재워 놓으면 이번에는 또
내가 잠을 잘 수 없었다…

자자. 얼른 자자.
한 시간은 더 잘 수 있어.

그렇게 11일이 지났고 나의 자기는
다시 일을 나가야 했다.

나는 하염없이 울어대는 아기와 함께 하루 종일 시간을 보냈다.
저녁이 되고 그의 퇴근 시간이 조금만 늦어져도
마치 영겁의 시간을 보내는 것만 같았다.

쉬이 이이이.
으에에에엥

이런 상황을 어떻게 극복해야 하는지에 대해서
인터넷 지식인들의 의견은 분분했다.

아기를 항상 안고 계셔야 해여. 그래야 불안감을 덜 느끼···
아기가 그렇게 우는 건 정상이 아니에요. 님, 정말 할 수 있는 건 다 해 본 거 맞음?
으에에에엥
아기가 울어도 그냥 두셈. 그렇지 않으면···
성격이 좀 불 같은 아기네···

왜 이렇게 울어?
왜 그래, 왜 그런지 말 좀 해 봐!
으에에엥

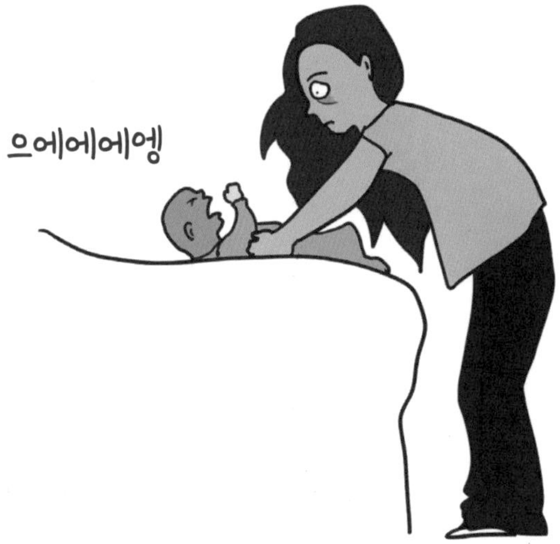
으에에에엥

으에에에엥

으에에에엥
으에에에엥

그날, 아기를 낳고 처음으로 1시간 이상을 잘 수 있었다.

그ㄹㄹㄹㄹㄹㄹ릉

5주 후, 드디어 내 아기는 밤에 깨지 않고 잠을 자기 시작했다.
그리고 나는 다시 일터로 향했다.

자, 힘내자
힘!

그러니 '출산 휴가'라는 말 대신
그냥 '휴가'라고 말하려는 자신을 발견한다면!
그때는 한 번 더 곰곰이 생각해 보기 바란다.

왜 삐친 거야?
그러게··· 내가 뭐 잘못했어요?

이제는 출산 후 우울증이네 호르몬이 어쩌네 하는 말을 들으면 웃음이 난다.

아무나 붙잡고 실험을 해 보시라.
산통처럼 길고 힘들고 아픈 고통을 견디게 한 후,
세 시간마다 울려대는 자명종 옆에서
자게 해 보란 말이다!

왓더ㅍ···
따르르릉
따르르릉
따르르릉

나는 이를 '고문'이라 부르겠다.

하지만 이 모든 걸 호르몬 탓으로 돌리면,
그것도 갓 아기를 낳은 젊은 엄마의
호르몬 문제라고 하면 너무나 간단해진다.
게다가 의학적으로 증명된 사실이라고 하니
모두가 당연한 일이 되어 버린다.

출산 후
우울증이에요.
으에에에엥

'호르몬 때문'이다. 그러니 '뭐 어찌할 방법'이 없다.
따라서 상황을 개선하거나 하는 노력 따위는
필요하지 않다.

하지만 이 모든 것이 그놈의 '호르몬' 때문이 아니라면?
지친 아기와 엄마가 잠을 잘 수 있도록 도와주는 누군가를 채용해야 하고,
아기의 아빠(혹은 또 다른 엄마)가 함께 지낼 수 있는 또 다른 공간이 더 필요하고,
그렇게 되면 아빠(혹은 또 다른 엄마)의 출산 휴가는 더 늘려야 하며…

이게 다 돈과 노력이 들어가는 일이라는 말씀!
그러니 여자라면 누구나 모성애가 있다고 생각하게 만드는 게 더 편한 방법이라는 거다.
하긴 엄마가 뭐 돈 받고 애를 낳고 키우는 건 아니니까.

물론 이것은 프랑스의 경우다. 엄마가, 여자가 모든 걸 다 해야 하는 건 아니라고 생각하는 나라도 있다.
그런 나라에서는 부모가 출산 휴가를 나눠 쓸 수 있고 100%는 아니지만 월급도 계속 받는다.
스웨덴: 출산 휴가 480일, 총급여의 80% 지급
독일: 출산 휴가 367일, 총급여의 67% 지급
이탈리아: 출산 휴가 10개월, 총급여의 30% 지급
그렇다면 프랑스는?
프랑스: 출산 휴가 6개월, 매달 390. 52유로 지급
스웨덴의 산부인과에는 아기의 '부모/부부/모모'가 함께 있을 수 있도록 침대가 마련되어 있다.
독일의 경우, 출산을 하고 집으로 돌아온 첫 12일은 보모가 와서 아기와 엄마를 돌봐 주는 시스템이 마련되어 있다.
다시 말해, 프랑스도 얼마든지 개선할 수 있다는 거다.

하지만 내 생각에는
크게 달라질 것이 없다고 본다.
국립병원, 2017년 말까지
22,000개의 자리를 없애기로 결정.

애 낳고 입었던 망사 빤스를
한번 재활용 해 봤어요!

조건 없이 응원해 주고 비판해 준 나의 털보 자기,

남들과는 다른 방식으로 나를 키워 주신 엄마와 아빠,

가까이서든 멀리서든 나로 하여금 정치에 눈을 뜨게 만들어 준 모든 분들께

감사의 말씀을 전한다.

다른 시선

1판 1쇄 인쇄 | 2017년 12월 14일
1판 1쇄 발행 | 2017년 12월 21일

글쓴이 | 엠마
옮긴이 | 강미란
펴낸이 | 한소원
펴낸곳 | 우리나비

등 록 | 2013년 10월 25일(제387-2013-000056호)
주 소 | 경기도 부천시 원미구 원미로 18번길 11
전 화 | 070-8879-7093
팩 스 | 02-6455-0384
이메일 | michel61@naver.com

ISBN 979-11-86843-22-2 03330
★ 책값은 뒤표지에 있습니다.

이 도서의 국립중앙도서관 출판시도서목록(CIP)은 서지정보유통지원시스템
홈페이지(http://seoji.nl.go.kr)와 국가자료공동목록시스템(http://www.nl.go.kr/kolisnet)에서
이용하실 수 있습니다.(CIP 제어번호: CIP2017033591)

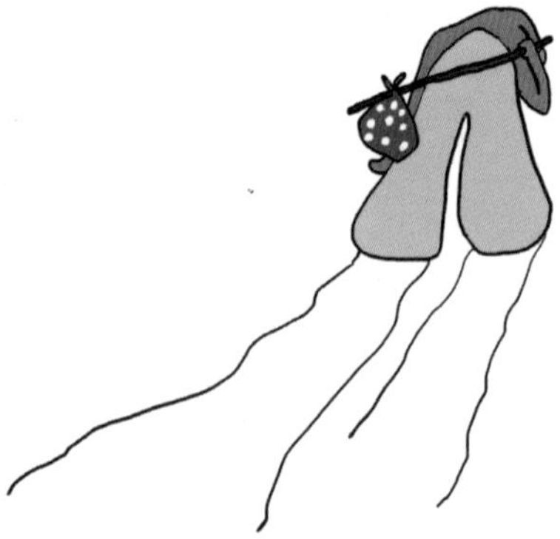